Made in the USA
Monee, IL
05 August 2022

10995817R00057